Windows 10 da riga di comando

Guida rapida alla command-line di Windows 10

Part III

Circa l'autore

RICCARDO RUGGIU è nato a Cagliari nel 1976.
Lavora nel settore della tecnologia silicon-based da oltre vent'anni, e ha maturato una solida esperienza lavorando presso le più importanti aziende IT in Italia e all'estero.

La musica ha un grande impatto nel suo tempo libero; è un musicista esperto (pianoforte, chitarra e sintetizzatore), Dj e profondo conoscitore di apparecchiature audio domestiche e professionali.

Ringraziamenti

Un ringraziamento speciale alla mia famiglia, e agli amici, per essere sempre presenti.

Questo libro è dedicato a tutti, principianti ed esperti che vogliono ottenere il massimo dal loro PC e desiderano esplorare il labirinto del Prompt dei comandi alla ricerca di strumenti e funzionalità per coordinare tutte le operazioni che svolge il PC, così come un direttore d'orchestra dirige tutti i musicisti!

R.Ruggiu

Prefazione

Gentile lettore, gentile lettrice,
benvenuto/a alla terza parte di questa guida rapida sulla riga di comando che, per l'ampia varietà di argomenti e funzioni sembra esser divantata una saga!

Questo "terzo episodio", prosegue il viaggio all'interno della finestra nera del prompt esaminando comandi semplici e meno semplici che possono aiutarti a mantenere il tuo PC al massimo della forma.

Il testo è corredato di esempi pratici, spiegazioni eloquenti e suggerimenti utili.

Anche questo libro, come i due che l'hanno preceduto, è diviso in tre capitoli per trovare velocemente ciò che si cerca (ad esempio, argomento "Reti" capitolo II) evitando di consultare pagine su pagine che contengono informazioni che non interessano, con conseguente perdita di tempo.

Il primo spiega argomenti e funzioni nell'ambito della sicurezza e delle verifiche; il secondo si occupa di utilità e verifiche nell'ambito delle reti informatiche.

Il terzo capitolo conclude il libro proponendo comandi e utilità varie che possono non solo aiutarti a padroneggiare meglio il tuo PC, ma anche farti godere al meglio l'esperienza d'utilizzo della tua macchina anche attraverso semplici curiosità! Una delle migliori caratteristiche di questo libro è la semplicità.

Ogni argomento è spiegato passo dopo passo e chiunque può imparare l'utilizzo dei comandi in breve tempo e senza fatica.

Il miglior modo per imparare a conoscere il prompt è quello di usarlo, dunque ti invito a ripetere gli esempi che troverai nel libro, allenandoti all'uso della riga di comando.

Non mi resta che augurarti buona lettura e buon divertimento!

Sommario

Capitolo I Sicurezza e verifiche

I permessi dei file   1

Ripristinare l'autorizzazione dei file   10

Scoprire informazioni su un utente che si
collega ad un computer remoto   13

Verificare tipo e associazione dei file   14

Gestione del collegamento tra il tipo di file e il
programma che lo esegue   19

Visualizzare un rapporto dettagliato sulle
policy esistenti   22

Cercare informazioni all'interno di un file   28

Visualizzare la struttura di una directory   31

Gestione dei driver mini-filtro   33

Configurare la BitLocker Drive Encryption sui volumi del disco   35

Capitolo II Reti: configurazioni e verifiche
Gestione dell'Address Resolution Protocol
38
Visualizzare informazioni sul Multicast Routing   41

Filtrare il traffico di rete e generare un report   42

Configurare un server proxy   45

Visualizzare l'elenco delle reti Wi-Fi vicine e i relativi dettagli   48

Recuperare la password della rete Wi-Fi in uso sul computer   52

Configurare i server DNS   56

Configurare un indirizzo ip statico o dinamico
58

Incrementare la velocità di navigazione   63

Trasformare il PC in access point Wi-Fi
d'emergenza 65

Capitolo III Utility varie: Aprire la finestra "Esplora file"
da riga di comando 68

Duplicare lo schermo, estendere lo
schermo, o utilizzare soltanto un secondo
schermo 69

Visualizzare un elenco dei driver delle
periferiche installati 70

Espandere i file CAB 72

Attivare la lente di ingrandimento 74

Creare un link a una directory, ad un file o ad
un'altra partizione 75

Visualizzare lo storico dei comandi digitati 77

Aprire il prompt dei comandi dalla finestra
"Esplora file" 78

Spegnere o riavviare un PC 80

Spostare file da una locazione ad un'altra o rinominare file e directory 85

Visualizzare sullo schermo il contenuto di un file di testo 88

Visualizzare data e ora 89

Eliminare una directory 90

Un prompt più... gentile! 92

Gestire l'etichetta di un volume di una unità 96

Visualizzare l'etichetta di un volume 97

Regolare la velocità di ripetizione di un tasto 99

Copiare e/o sostituire file esistenti 102

Copiare file singoli o intere directory 104

Visualizzare o modificare la pagina codici del sistema 109

Eliminare i file   112

Configurare una cartella/directory come se
fosse un'unità disco   115

Capitolo I Sicurezza e verifiche:
I permessi dei file

Riguardo la sicurezza, è possibile assegnare permessi di lettura, scrittura ed esecuzione per ogni file presente sul sistema, consentendo o meno l'accesso agli utenti. Quando crei un file nuovo, eredita i permessi della cartella in cui è stato creato. Questa utility nata come **Cacls** (oggi deprecato, anche se ancora presente), a partire dal sistema Windows Vista in poi è stata aggiornata in **Icacls**. Vediamo come utilizzare **Cacls** per assegnare permessi. Se vuoi assegnare all'utente "Ricky" il permesso di sola lettura sul file "Prova.txt" digita come segue:

C:\>cacls C:\Documenti\Prova.txt /G Ricky:r

Dopo aver premuto invio, il sistema ti chiederà di confermare o meno l'operazione, digitando S o N e premendo nuovamente invio.

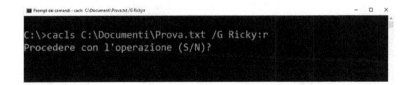

```
Prompt dei comandi - cacls C:\Documenti\Prova.txt /G Ricky:r        -  □  ×
C:\>cacls C:\Documenti\Prova.txt /G Ricky:r
Procedere con l'operazione (S/N)?
```

Al termine dell'operazione il sistema indicherà l'avvenuto completamento del comando:

```
C:\>cacls C:\Documenti\Prova.txt /G Ricky:r
Procedere con l'operazione (S/N)?s
file elaborati: C:\Documenti\Prova.txt

C:\>
```

Ora, l'utente Ricky ha accesso al file "Prova.txt" in sola lettura.

Di seguito le opzioni di accesso:

r   per la sola lettura (read-only access)
w per la sola scrittura (write-only access)
c per la modifica (change-read/write)
f   per il controllo completo (full access)

L'utility *Icacls* dispone di una serie di opzioni indicate di seguito:

ICACLS nome /save fileACL [/T] [/C] [/L] [/Q]

ICACLS directory [/substitute VecchioSID NuovoSID [...]] /restore fileACL [/C] [/L] [/Q]

ICACLS nome /setowner utente [/T] [/C] [/L] [/Q]

ICACLS nome /findsid SID [/T] [/C] [/L] [/Q]

ICACLS nome /verify [/T] [/C] [/L] [/Q]

ICACLS nome /reset [/T] [/C] [/L] [/Q]

ICACLS nome [/grant[:r] Sid:perm[...]]
    [/deny Sid:perm [...]]
    [/remove[:g|:d]] SID[...]] [/T] [/C] [/L] [/Q]
    [/setintegritylevel Level:policy[...]]

La lista di seguito descrive gli elementi del comando:

nome	indica il nome del file o della cartella a cui si applicano i permessi.
/save	memorizza le ACL.
fileACL	indica il nome del file dove sono memorizzate le ACL.
Directory	indica la directory in uso per eseguire un compito.

/substitute VecchioSID NuovoSID   indica che il comando sostituisce il vecchio SID (security identifier) con il nuovo SID.

/restore	ripristina il contenuto del fileACL.
/setowner	cambia il proprietario dell'elemento specificato.
Utente	indica il nome utente che svolge un compito.

/findsid   Trova tutti i nomi corrispondenti che contengono un ACL in cui il SID è indicato esplicitamente.

/verify   Trova tutti i file il cui ACL non è in forma canonica o la cui lunghezza non è coerente con il numero delle voci di controllo di accesso.

/reset   Sostituisce con gli ACL ereditati predefiniti gli ACL in tutti i file corrispondenti.

/grant[:r] Sid:perm   concede diritti di accesso all'utente specificato.
Con :r, le autorizzazioni sostituiscono tutte le autorizzazioni esplicite concesse in precedenza.
Senza :r, le autorizzazioni vengono aggiunte alle autorizzazioni esplicite concesse in precedenza.

/deny Sid:perm   nega esplicitamente i diritti di accesso all'utente specificato.
Per l'autorizzazione interessata viene aggiunta una voce di controllo di accesso di

negazione esplicita e le stesse autorizzazioni vengono rimosse da tutte le eventuali concessioni esplicite.

/remove[:[g|d]] SID Rimuove tutte le occorrenze del SID nell'ACL. Con :g, vengono rimosse tutte le occorrenze dei diritti concessi al SID. Con :d, vengono rimosse tutte le occorrenze dei diritti negati al SID.

/setintegritylevel   [(CI)(OI)]Livello   Aggiunge esplicitamente una voce di controllo di accesso di integrità a tutti i file corrispondenti. Per specificare il livello, utilizzare uno dei valori seguenti:
L[ow]
M[edium]
H[igh]
Prima del livello è possibile specificare le opzioni relative all'ereditarietà della voce di controllo di accesso di integrità, che vengono applicate solo alle directory.

6

/inheritance:e|d|r
 e – Abilità l'ereditarietà.
 D – Disabilità l'ereditarietà e copia le voci di
controllo   di accesso.
 R – Rimuove tutte le voci di controllo di accesso
   ereditate.

/T   Indica che l'operazione viene eseguita su tutti
       i file o le directory corrispondenti contenute nelle
       directory specificate nel nome.

/C   Indica che l'operazione deve continuare anche in
       caso di errori relativi ai file.
       I messaggi di errore verranno visualizzati
       comunque.

/L   Indica che l'operazione viene eseguita sul
       collegamento simbolico stesso anziché sulla
       relativa destinazione.

/Q   Indica che i messaggi relativi alle operazioni
       riuscite non devono essere visualizzati.

ICACLS mantiene l'ordinamento canonico delle voci di controllo di accesso:

Negazioni esplicite
Concessioni esplicite
Negazioni ereditate
Concessioni ereditate

perm è una maschera di autorizzazione che può essere specificata in due modi diversi:

Come sequenza di diritti di base:

N – Nessun accesso
F – Accesso completo
M – Accesso in modifica
RX – Accesso in lettura ed esecuzione
R – Accesso in sola lettura
W – Accesso in sola scrittura
D – Eliminazione

Come elenco delimitato da virgole di diritti specifici tra parentesi:

DE – Eliminazione
RC – Controllo lettura
WDAC – Scrittura DAC
WO – Proprietario scrittura
S – Sincronizzazione
AS – Sicurezza sistema di accesso
MA – Limite massimo

GR – Lettura generica
GW – Scrittura generica
GE – Esecuzione generica
GA – Completo generico
RD – Lettura dati/elenco directory
WD – Scrittura dati/aggiunta file
AD – Aggiunta dati/aggiunta sottodirectory
REA – Lettura attributi estesi
WEA – Scrittura attributi estesi
X – Esecuzione/transito
DC – Eliminazione figlio
RA – Lettura attributi
WA – Scrittura attributi
Entrambe le forme possono essere precedute dai diritti di ereditarietà, che vengono applicati solo alle directory:

(OI) – Eredità oggetto

(CI) – Eredità contenitore

(IO) – Solo eredità

(NP) – Non propagare eredità

4 – Autorizzazione ereditata da contenitore padre

Ripristinare l'autorizzazione dei file

Con il comando *Takeown*, puoi riprenderti la proprietà dei file a cui non riesci ad accedere.

Se vuoi riprenderti la proprietà di un file, vediamo assieme un esempio:

Apri il prompt dei comandi come amministratore, e digita:

C:\>takeown /F "C:\Test\Test.txt*" /R /A /D S

In questo esempio, vogliamo riprenderci la proprietà del file "Test.txt", che si trova nel percorso indicato sotto:

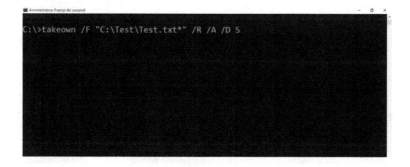

dopo aver premuto invio, visualizzerai l'output seguente:

```
C:\>takeown /F "C:\Test\Test.txt*" /R /A /D S

OPERAZIONE RIUSCITA: il file o la cartella "C:\Test\Test.txt" è ora di
proprietà del gruppo Administrators.

C:\>
```

Come indicato dall'output, il file "Test.txt" è ora di proprietà del gruppo Administrators.

Di seguito la lista delle opzioni per il comando takeown:

/S sistema Specifica il sistema remoto a cui connettersi.

/U [dominio\]utente Specifica il contesto utente in cui quando si lavora all'interno di un dominio.

/P [password] Specifica la password per il contesto utente indicato.
Se omesso, la password viene richiesta.

/F nomefile	Specifica il nome file o il modello del nome di directory che vuoi possedere.
/A	Assegna la proprietà dell'oggetto al gruppo Administrators anziché all'utente corrente.
/R	Ricorsiva: imposta lo strumento in da modo da operare sulle specifiche dei file presenti nella directory specificata e in tutte le sottodirectory.
/D prompt	Viene utilizzata la risposta predefinita quando l'utente corrente non dispone dell'autorizzazione per la visualizzazione del contenuto della cartella in una directory. Questo si verifica durante il funzionamento in modalità ricorsiva (/R) nelle sottodirectory. I valori validi sono "Y" per diventare Proprietario o "N" per ignorare.
/SKIPSL	Non seguire collegamenti simbolici. Applicabile solo con /R.

Scoprire informazioni su un utente che si collega ad un computer remoto

Per visualizzare informazioni su un utente che utilizza un computer remoto, puoi usare l'utility **Finger**. Naturalmente il pc remoto dovrà avere il servizio finger in esecuzione (Linux/Unix). L'output standard include il nome di login, il nome utente, tipo di terminale (TTY o teletypewriter), il totale del tempo di inattività, quando e dove si è loggato l'utente.

Di seguito la sintassi del comando:

FINGER [-l] [utente]@host [...]

Di seguito le opzioni:

-l   Visualizza informazioni in formato di lungo elenco.
Utente Specifica l'utente su cui si cercano informazioni. Omettere il parametro per visualizzare informazioni su tutti gli utenti nell'host specificato.
@host   Specifica il server sul sistema remoto su cui si cercano informazioni sugli utenti.

Verificare tipo e associazione dei file

Quando clicchi su un file per aprirlo, Windows verifica il tipo di estensione del file (per estensione del file si intendono quei caratteri che si trovano subito dopo il punto, nel nome del file) in modo da capire quale programma debba utilizzare per aprirlo.
:

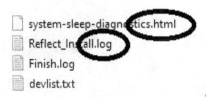

Se non visualizzi l'estensione dei file, assicurati che sia presente la spunta su "Estensioni nomi file" nel tab "visualizza" come indicato di seguito:

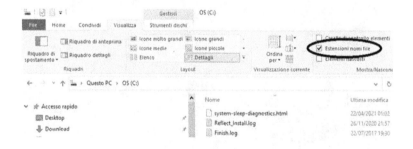

14

Ad esempio se sul tuo pc è installato Microsoft Word, per aprire un file con estensione ".doc" utilizzerà il programma Microsoft Word poiché come detto prima Windows esegue sempre la verifica di quale programma sia associato ad un file in base alla sua estensione. L'utility **Assoc** ti fa vedere (o cambiare), l'associazione tra l'estensione del file e il tipo di file.

Per verificare il tipo di estensione, digita assoc seguito dall' estensione del file (digitando anche il punto) che vuoi verificare come indicato nell' esempio di seguito:

L' output del comando ti indica sia l'estensione del file, sia il tipo di file a cui è associata quella estensione.
Se vuoi sapere ulteriori dettagli, puoi scrivere nuovamente assoc seguito dalla parte dopo simbolo uguale dell'output ricevuto:

Nell'output, puoi vedere che si tratta di un'immagine disco e poi di un documento Adobe Acrobat.

Il comando *Assoc* ti aiuta a risalire al tipo di programma da utilizzare per aprire un file, quando non sai a cosa si riferisca l'estensione di un file e neanche Windows riesce ad aprirlo.

Di seguito la sintassi del comando:

ASSOC [.ext[=[TipoFile]]]

.ext   Specifica l'estensione di file con cui associare il tipo di file.

TipoFile   Specifica il tipo di file da associare all'estensione di file.

Per procedere all'associazione ad esempio dell'estensione ".exe" con il tipo di file "exe", digita come segue e premi invio:

C:\>assoc .exe=exefile

Di seguito l'output:

```
C:\>assoc .exe=exefile
.exe=exefile

C:\>
```

Per visualizzare la lista completa delle associazioni correnti sul tuo computer, digita semplicemente *Assoc* e premi invio; di seguito una parte del lungo elenco di associazioni, generato dall'output del comando:

```
Amministratore: Prompt dei comandi                                    –  ☐  ×
C:\>assoc
.386=vxdfile
.3g2=WMP11.AssocFile.3G2
.3ga=VLC.3ga
.3gp=WMP11.AssocFile.3GP
.3gp2=WMP11.AssocFile.3G2
.3gpp=WMP11.AssocFile.3GP
.5vw=wireshark-capture-file
.669=VLC.669
.a52=VLC.a52
.AAC=WMP11.AssocFile.ADTS
.accda=Access.ACCDAExtension.12
.accdb=Access.Application.12
.accdc=Access.ACCDCFile.12
.accde=Access.ACCDEFile.12
.accdr=Access.ACCDRFile.12
.accdt=Access.ACCDTFile.12
.accdu=Access.WizardUserDataFile.12
.accountpicture-ms=accountpicturefile
.acl=ACLFile
```

Gestione del collegamento tra il tipo di file e il programma che lo esegue

Per gestire il collegamento tra il tipo di file e il programma che lo esegue, puoi utilizzare l'utility *Ftype* (File Type).

Digitando ftype seguito dal tipo di file, il comando genera un output che comprende il tipo di file e il percorso completo verso il file eseguibile dell'applicazione che permette di aprirlo e/o visualizzarlo.

In questo esempio, vediamo come puoi risalire al tipo di file e verificare il percorso di default verso il file eseguibile del programma per aprirlo, utilizzando il comando *Assoc (visto nelle pagine precedenti)* e in seguito *Ftype*:

```
C:\>assoc .pdf
.pdf=AcroExch.Document.DC

C:\>ftype AcroExch.Document.DC
AcroExch.Document.DC="C:\Program Files (x86)\Adobe\Acrobat Reader DC\Reader
\AcroRd32.exe" "%1"

C:\>
```

Analizziamo insieme l'output:

C:\>assoc .pdf
.pdf=AcroExch.Document.DC

Copia il tipo di file (tutta la parte dopo il simbolo uguale) e dopo aver digitato ftype incolla e premi invio.

C:\>ftype AcroExch.Document.DC
AcroExch.Document.DC="C:\Program Files (x86)\Adobe \Acrobat Reader DC\Reader\AcroRd32.exe" "%1"

Dopo il simbolo uguale, puoi vedere il percorso di collegamento al file eseguibile del programma Acrobat Reader, che permette di aprire i file con estensione ".pdf".

L'utility utilizza la sintassi seguente:

FTYPE [TipoFile[=[StringaComandoApertura]]]

TipoFile   Specifica il tipo di file da visualizzare o da modificare.

StringaComandoApertura   Specifica il comando di apertura da utilizzare per l'esecuzione del file indicato.

Per visualizzare tutti i tipi di file per cui sono attualmente definite stringhe di comando sul tuo computer, digita semplicemente *Ftype* premi invio; di seguito una parte del lungo elenco di

Di seguito una parte dell'output del comando:

```
C:\>ftype
Access.ACCDAExtension.12=C:\PROGRA~2\MICROS~1\Office12\MSACCESS.EXE /NOSTAR
TUP "%1"
Access.ACCDCFile.12="C:\Program Files (x86)\Microsoft Office\Office12\MSACC
ESS.EXE" /NOSTARTUP "%1"
Access.ACCDEFile.12="C:\Program Files (x86)\Microsoft Office\Office12\MSACC
ESS.EXE" /NOSTARTUP "%1" %2 %3 %4 %5 %6 %7 %8 %9
Access.ACCDRFile.12="C:\Program Files (x86)\Microsoft Office\Office12\MSACC
ESS.EXE" /RUNTIME "%1" %2 %3 %4 %5 %6 %7 %8 %9
Access.ACCDTFile.12="C:\Program Files (x86)\Microsoft Office\Office12\MSACC
ESS.EXE" /NOSTARTUP "%1"
Access.ADEFile.12="C:\Program Files (x86)\Microsoft Office\Office12\MSACCES
S.EXE" /NOSTARTUP "%1" %2 %3 %4 %5 %6 %7 %8 %9
Access.Application.12="C:\Program Files (x86)\Microsoft Office\Office12\MSA
CCESS.EXE" /NOSTARTUP "%1" %2 %3 %4 %5 %6 %7 %8 %9
Access.BlankDatabaseTemplate.12="C:\Program Files (x86)\Microsoft Office\Of
fice12\MSACCESS.EXE" /NOSTARTUP /NEWDB "%1"
```

Visualizzare un rapporto dettagliato sulle policy esistenti

Per ricavare informazioni dettagliate sulle policy esistenti su un utente in un computer (RsoP – Resultant Set of Policy), puoi utilizzare l'utility **Gpresult**.

Digitando l'utility *gpresult* con l'opzione /r, puoi vedere un riepilogo dei dati RsoP.

Di seguito l' output:

C:\>gpresult /R

Dati RSOP per DESKTOP- E7A4\Ricky su DESKTOP-E7A4 : Modalità di registrazione

Configurazione SO:	Workstation autonoma
Versione SO:	10.0.19043
Nome sito:	N/D
Profilo mobile:	N/D
Profilo locale:	C:\Users\Ricky
Connesso attraverso un collegamento lento?:	No

IMPOSTAZIONI COMPUTER

Ultima applicazione dei
criteri di gruppo: 23/09/2021 in 03:02:05
Criteri di gruppo applicato da: N/D
Soglia del collegamento lento
dei criteri di gruppo: 500 kbps
Nome dominio: DESKTOP- E7A4
Tipo di dominio: <computer locale>
Oggetti Criteri di gruppo applicati

    N/D

I seguenti oggetti Criteri di gruppo non sono stati
applicati perché sono stati esclusi dal filtro

Criteri gruppo locale
Filtro: Non applicato (Vuoto)

Il computer fa parte dei seguenti gruppi di sicurezza

BUILTIN\Administrators
Everyone
NT AUTHORITY\Authenticated Users
Livello obbligatorio di sistema

IMPOSTAZIONI DELL'UTENTE

Ultima applicazione dei
criteri di gruppo: 23/09/2021 in 03:02:08
Criteri di gruppo applicato da: N/D
Soglia del collegamento lento
dei criteri di gruppo: 500 kbps
Nome dominio: DESKTOP- E7A4
Tipo di dominio: <computer locale>

Oggetti Criteri di gruppo applicati

N/D

I seguenti oggetti Criteri di gruppo non sono stati
applicati perché sono stati esclusi dal filtro

Criteri gruppo locale
Filtro: Non applicato (Vuoto)

L'utente fa parte dei seguenti gruppi di sicurezza

NESSUNO
Everyone
Account locale e membro del gruppo Administrators
BUILTIN\Administrators
BUILTIN\Users
NT AUTHORITY\INTERACTIVE
ACCESSO CONSOLE
NT AUTHORITY\Authenticated Users
Questa organizzazione
Account locale
LOCALE
Autenticazione NTLM
Livello obbligatorio alto

C:\>

Di seguito la sintassi del comando:

Elenco parametri:

/S *sistema*   Specifica il sistema remoto a cui
                   connettersi.

/U *[dominio\]utente*   Specifica il contesto utente in
                   cui eseguire il comando.

/P *[password]*   Specifica la password per il
                   contesto utente indicato.
                   Se omesso, la password viene
                   richiesta.

/SCOPE *ambito*   Specifica se visualizzare o meno
                   le impostazioni utente o del
                   computer.
                   Valori validi: "USER",
                   "COMPUTER".

/USER *[dominio\]utente* Specifica il nome utente per
                   cui visualizzare i dati del
                   gruppo di criteri risultante.

/R	Visualizza dati di riepilogo di Gruppo di criteri risultante.
/V	Visualizza informazioni dettagliate. Tali informazioni forniscono impostazioni aggiuntive che sono state applicate con una precedenza di 1.
/Z	Specifica la visualizzazione di informazioni molto dettagliate. Tali informazioni forniscono impostazioni dettagliate aggiuntive che sono state applicate con una precedenza di 1 e superiore. In questo modo è possibile determinare se un'impostazione è stata specificata in più posizioni. Per ulteriori informazioni, vedere l'argomento della Guida relativo a Criteri di gruppo.

Cercare informazioni all'interno di un file

Per la ricerca di informazioni all'interno di un file, hai a disposizione due utility; **Find** e **Findstr**.

Se ad esempio vuoi cercare la parola "STORAGE" all'interno del file devlist.txt, digita come indicato di seguito:

C:\>find "STORAGE" devlist.txt

Di seguito l'output:

```
Amministratore: Prompt dei comandi                                    -  □  ×
C:\>find "STORAGE" devlist.txt

---------- DEVLIST.TXT
STORAGE\VOLUME\{82E1EDA6-6EF8-11E7-A0E9-806E6F6E6963}#0000000010500000
STORAGE\VOLUME\{82E1EDA6-6EF8-11E7-A0E9-806E6F6E6963}#0000000000100000
STORAGE\VOLUME\{82E1EDA6-6EF8-11E7-A0E9-806E6F6E6963}#000000743EC00000
STORAGE\VOLUME\{82E1EDA6-6EF8-11E7-A0E9-806E6F6E6963}#0000000011500000
```

IMPORTANTE: quando digiti la parola da verificare, scrivila in maiuscolo o in minuscolo esattamente com'è scritta nel file in cui la cerchi.

Di seguito la sintassi del comando:

/V   Visualizza le righe NON contenenti la stringa specificata.

/C   Visualizza solo il conteggio delle righe contenenti la stringa.

/N   Visualizza i numeri delle righe visualizzate.

/I   Ignora maiuscole/minuscole durante la ricerca della stringa.

/OFF[LINE] Non ignora i file in cui è impostato l'attributo offline.

"stringa" Specifica la stringa di testo da cercare.

[unità:][percorso]nomefile Specifica uno o più file in cui ricercare.

L'utility **Findstr**, supporta una ricerca più performante rispetto all'utility *Find*, poiché può cercare una stringa di testo in un file o su più file.

Se vuoi cercare una stringa di testo come ad esempio "Motherboard resources" nel file devlist.txt, digita come indicato di seguito:

C:\>findstr "Motherboard resources" devlist.txt

```
Amministratore: Prompt dei comandi                                    -  ☐  ×
C:\>findstr "Motherboard resources" devlist.txt
    Name: Motherboard resources
    Name: Motherboard resources

C:\>
```

Se non ricordi in quale file si trovi la stringa "Motherboard resources", puoi estendere la ricerca a tutti i file presenti all'interno di una cartella digitando *.* come nell'esempio qui sotto:

C:\>findstr "Motherboard resources" *.*

Di seguito l'output:

```
Amministratore: Prompt dei comandi                                      –  □  ×
C:\>findstr "Motherboard resources" *.*
devlist.txt:    Name: Motherboard resources
devlist.txt:    Name: Motherboard resources
FINDSTR: Impossibile aprire DumpStack.log.tmp
FINDSTR: Impossibile aprire hiberfil.sys
FINDSTR: Impossibile aprire pagefile.sys
FINDSTR: Impossibile aprire swapfile.sys
Test.txt:       Name: Motherboard resources
Test.txt:       Name: Motherboard resources
```

Verificando l'output, la stringa "Motherboard resources" è stata trovata su più file.

Visualizzare la struttura di una directory

Se vuoi "scattare una foto" all'interno di una directory, puoi utilizzare l'utility *Tree*.

Posizionati sulla directory che ti interessa vedere, digita tree e premi invio:

C:\Windows>tree

Di seguito una parte dell'output generato:

```
██ Amministratore Prompt dei comandi                                    –  □  ×
C:\Windows>tree
Elenco del percorso delle cartelle per il volume OS
Numero di serie del volume: 6927-F0E7
C:.
├───addins
├───appcompat
│   ├───appraiser
│   │   ├───AltData
│   │   └───Telemetry
│   ├───encapsulation
│   └───UA
├───apppatch
│   ├───AppPatch64
│   ├───Custom
│   │   └───Custom64
│   ├───CustomSDB
│   ├───en-US
│   └───it-IT
├───AppReadiness
├───assembly
```

Di seguito la sintassi del comando:

TREE [unità:][percorso] [/F] [/A]

/F Visualizza i nomi dei file in ogni cartella.
/A Usa caratteri ASCII invece di caratteri estesi.

Gestione dei driver mini-filtro

L'utility FltMC (Filter Manager Control), verifica i driver mini-filtro su hardware per lo storage come ad esempio il tuo Hard Disk.
I driver mini-filtro sono utili per difendere dai virus poiché processano le attività del filesystem compresi i processi in background.
Ti consiglio l'utilizzo di questa utility in due casi; se vuoi vedere quelli che sono in esecuzione sul sistema:

C:\>fltmc.exe

Di seguito l'output:

```
Amministratore: Prompt dei comandi                                    -  □  ×

C:\>fltmc.exe

Nome filtro                      Num istanze    Altitudine    Frame
------------                     -----------    ----------    -----
bindflt                              1           409800         0
KLIF                                 7           320400         0
storqosflt                           0           244000         0
wcifs                                1           189900         0
CldFlt                               0           180451         0
FileCrypt                            0           141100         0
luafv                                1           135000         0
klbackupflt                          5           100800         0
npsvctrig                            1            46000         0
Wof                                  4            40700         0
FileInfo                             6            40500         0
```

In questo modo puoi verificare che non ci siano anomalie causate da virus.

Oppure nel caso in cui il produttore dell'hardware per lo storage, abbia rilasciato degli aggiornamenti che devi installare manualmente.

Di seguito la sintassi del comando:

fltmc load   Carica un driver di filtro.

Fltmc unload   Scarica un driver di filtro.

Fltmc filters   Elenca i filtri attualmente registrati nel sistema.

Fltmc instances   Elenca le istanze di un filtro o di un volume attualmente registrate nel sistema.

Fltmc volumes   Elenca tutti i volumi/RDR presenti nel sistema.

Fltmc attach   Crea un'istanza di filtro su un volume

fltmc detach   Rimuove un'istanza di filtro da un volume.

Configurare la BitLocker Drive Encryption sui volumi del disco

Per procedere alla configurazione di BitLocker, puoi utilizzare l'utility *manage-bde*.

Per verificare lo stato, puoi digitare come di seguito:

C:\>manage-bde –status

Di seguito l'output:

C:\>manage-bde –status

Volumi del disco che possono essere protetti con Crittografia unità BitLocker:
Volume C: [OS]
[Volume del sistema operativo]

Dimensioni: 444,97 GB
Versione BitLocker: Nessuno
Stato conversione: Decrittografia completata
Percentuale completamento crittografia: 0,0%
Metodo crittografia: Nessuno
Stato protezione: Protezione disattivata
Stato blocco: Sbloccato
Campo identificazione: Nessuno
Protezioni con chiave: nessuna trovata

Verificando l'output, puoi osservare che in questo momento, BitLocker è disabilitato.

Di seguito la sintassi del comando:

-status   Restituisce informazioni sui volumi idonei per BitLocker.

-on   Crittografa il volume e attiva la protezione BitLocker.

-off   Decrittografa il volume e disattiva la protezione BitLocker.

-pause   Sospende la crittografia, la decrittografia o la cancellazione dello spazio disponibile.

-resume   Riprende la crittografia, la decrittografia o la cancellazione dello spazio disponibile.

-lock   Impedisce l'accesso ai dati crittografati tramite BitLocker.

-unlock   Consente l'accesso ai dati crittografati tramite BitLocker.

-autounlock Gestisce lo sblocco automatico dei volumi di dati.

-protectors Gestisce i metodi di protezione per la chiave di crittografia.

-SetIdentifier o **–si**   Configura il campo di identificazione per un volume.

-ForceRecovery o **–fr**   Forza il ripristino all'avvio di un sistema operativo protetto tramite BitLocker.

-changepassword Modifica la password per un volume di dati.

-changepin Modifica il PIN per un volume.

-changekey Modifica la chiave di avvio per un volume.

-KeyPackage o *-kp* Genera un pacchetto di chiavi per un volume.

-upgrade Aggiorna la versione di BitLocker.

-WipeFreeSpace o *-w* Cancella lo spazio disponibile sul volume.

-ComputerName o *-cn* Viene eseguito in un altro computer. Esempi:"ComputerX", "127.0.0.1"

IMPORTANTE: prima di procedere all'utilizzo di questa utility, ti consiglio di fare delle prove su un computer di test.

In ogni caso, assicurati di avere sempre un backup dei tuoi dati.

Capitolo II Reti : Configurazioni e verifiche
Gestione dell'Address Resolution Protocol

L'utility **Arp** (Address Resolution Protocol) è uno strumento utile per la visualizzazione e la modifica delle tabelle che vengono generate quando avvengono le connessioni di rete.

Il protocollo Arp, gestisce l'associazione tra gli indirizzi IP e i Mac Address (Gli indirizzi fisici) delle interfacce dei dispositivi di rete e dei computer connessi alla rete.

Digitando il comando: C:\>arp –a

puoi visualizzare le richieste correnti:

```
■ Amministratore: Prompt dei comandi                                    –  □  ×

C:\>arp -a

Interfaccia: 192.168.1.17 --- 0x14
  Indirizzo Internet     Indirizzo fisico       Tipo
  192.168.1.1            9c- 7- 6-05- 9-b3      dinamico
  192.168.1.255          ff-ff-ff-ff- f- f      statico
  224.0.0.2              01-00-5e-00-00- 2      statico
  224.0.0.22             01-00-5e-00-00- 6      statico
  224.0.0.113            01-00-5e-00-00- 1      statico
  224.0.0.251            01-00-5e-00-00- b      statico
  224.0.0.252            01-00-5e-00-00- c      statico
```

Nell'output del comando, puoi visualizzare l'indirizzo IP dell'interfaccia, l'indirizzo internet, l'indirizzo fisico (o Mac Address) e il metodo di assegnazione dell'indirizzo IP (statico, o dinamico).

Questa utility utilizza la sintassi seguente:

ARP −s ind_inet ind_eth [ind_if]
ARP −d ind_inet [ind_if]
ARP −a [ind_inet] [-N ind_if] [-v]

Di seguito l'elenco dei comandi disponibili per l'utility arp:

-a   Visualizza le richieste ARP correnti ottenendole
          dai dati del protocollo. Se è specificato ind_inet,
          verranno visualizzati solo gli indirizzi IP e fisico
          del computer specificato. Se sono presenti più
          interfacce di rete che utilizzano ARP,
          verranno visualizzate le voci di ogni tabella ARP.
-g   Esegue lo stesso compito dell'opzione −a.
-v   Visualizza le voci ARP correnti in modalità
          dettagliata.
          Vengono visualizzate anche tutte le voci non
          valide e le voci relative all'interfaccia loopback.
Ind_inet Specifica un indirizzo Internet.
-N ind_if Visualizza le voci ARP per l'interfaccia di rete
          specificata da ind_if.
-d   Elimina l'host specificato da ind_inet. In ind_inet
          è possibile utilizzare il carattere jolly asterisco (*)
          per eliminare tutti gli host.

-s   Aggiunge un nuovo l'host e associa l'indirizzo Internet ind_inet all'indirizzo fisico ind_eth.

La voce è permanente.

Ind_eth   Specifica un indirizzo fisico. L'indirizzo fisico è un numero esadecimale di 6 byte separati da trattini. Puoi anche ottenere il mac-address tramite l'utility _GetMac_.

Ind_if   Se presente, specifica l'indirizzo Internet dell'interfaccia di cui si desidera modificare la tabella di conversione degli indirizzi.

Puoi ottenere l'indirizzo IP anche tramite l'utility _IpConfig_.

Visualizzare informazioni sul Multicast Routing

Per visualizzare informazioni sul Multicast Routing, puoi utilizzare l'utility **Mrinfo**.
L'output di questa utility genera una tabella che comprende le interfacce del router multicast (router che verifica quali siano i gruppi attivi, effettuando ogni minuto il "polling" dei membri all'interno del suo dominio) e anche la lista delle macchine/dispositivi vicini.

Di seguito la sintassi del comando:

mrinfo [-n?] [-i indirizzo] [-t secondi] [-r tentativi] destinazione

Di seguito le opzioni:

-n   Visualizza indirizzi IP in formato numerico
-i   Visualizza l'indirizzo dell'interfaccia locale per l'invio di query
-t secondi   Timeout in secondi per le query IGMP (impostazione predefinita = 3 secondi)
-r tentativi   Numero di tentativi per inviare query SNMP (impostazione predefinita = 0)
-?   Uso stampa indirizzo o nome di destinazione

Filtrare il traffico di rete e generare un report

Microsoft ha aggiunto uno strumento di diagnostica per il filtraggio del traffico dati.
Apri il prompt dei comandi in modalità amministratore, entra nel contesto netsh e poi accedi al contesto wfp (**WFP-Windows Filtering Platform**), seguendo i passaggi di seguito:

C:\>netsh
netsh>wfp
netsh wfp>

Digita il comando **show netevents** come nell'esempio e premi invio:

Il comando genera un report in formato ".xml" come indicato dall'output del comando:

Di seguito un estratto del report generato:

```xml
<?xml version="1.0" encoding="UTF-8" standalone="true"?>
<netEvents numItems="77">
  <item>
    <header>
      <timeStamp>2021-09-26T19:58:53.248Z</timeStamp>
      <flags numItems="6">
        <item>FWPM_NET_EVENT_FLAG_IP_PROTOCOL_SET</item>
        <item>FWPM_NET_EVENT_FLAG_LOCAL_ADDR_SET</item>
        <item>FWPM_NET_EVENT_FLAG_REMOTE_ADDR_SET</item>
        <item>FWPM_NET_EVENT_FLAG_LOCAL_PORT_SET</item>
        <item>FWPM_NET_EVENT_FLAG_REMOTE_PORT_SET</item>
        <item>FWPM_NET_EVENT_FLAG_IP_VERSION_SET</item>
      </flags>
      <ipVersion>FWP_IP_VERSION_V4</ipVersion>
      <ipProtocol>6</ipProtocol>
      <localAddrV4>192.168.1.17</localAddrV4>
      <remoteAddrV4>216.58.198.34</remoteAddrV4>
      <localPort>60965</localPort>
      <remotePort>443</remotePort>
      <scopeId>0</scopeId>
      <appId/>
      <userId/>
      <addressFamily>FWP_AF_INET</addressFamily>
      <packageSid/>
      <enterpriseId/>
      <policyFlags>0</policyFlags>
      <effectiveName/>
    </header>
    <type>FWPM_NET_EVENT_TYPE_CLASSIFY_DROP</type>
    <classifyDrop>
      <filterId>94755</filterId>
      <layerId>13</layerId>
      <reauthReason>0</reauthReason>
      <originalProfile>0</originalProfile>
      <currentProfile>0</currentProfile>
      <msFwpDirection>MS_FWP_DIRECTION_IN</msFwpDirection>
      <isLoopback>false</isLoopback>
      <vSwitchId/>
```

Nell' esempio delle pagine precedenti, ho mostrato i vari passaggi (*netsh* e *wfp*) per informarti che questo comando "passa" attraverso due contesti diversi.
Per essere più veloce, puoi digitare tutto nella stessa riga e premere invio, come indicato di seguito:

C:\>netsh wfp show netevents

```
C:\>netsh wfp show netevents
Raccolta dati completata. Output = netevents.xml

C:\>
```

Configurare un server proxy

Per configurare un server proxy da riga di comando, apri il prompt in modalità amministratore, accedi al contesto netsh e poi al contesto WinHTTP come indicato di seguito:

C:\>netsh
netsh>winhttp
netsh winhttp>

```
C:\>netsh
netsh>winhttp
netsh winhttp>
```

Digita il comando **set proxy** seguito dall'indirizzo IP del server proxy e dal numero della porta come nell'esempio di seguito e premi invio:

netsh winhttp>set proxy 118.96.190.181:3128

```
C:\>netsh
netsh>winhttp
netsh winhttp>set proxy 118.96.190.181:3128
```

L'output generato dal comando, ti indicherà il proxy WinHTTP settato secondo l'indirizzo IP e la porta specificati.

Nell' esempio delle pagine precedenti, ho mostrato i vari passaggi (*netsh* e *winhttp*) per informarti che questo comando "passa" attraverso due contesti diversi.
Per essere più veloce, puoi digitare tutto nella stessa riga e premere invio, come indicato di seguito:

C:\>netsh winhttp set proxy 118.96.190.181:3128

Per verificare se sia presente o meno un server proxy configurato sul PC, digita il comando seguente dal contesto netsh e premi invio:

netsh> **winhttp show proxy**

Se invece non sei dentro il contesto **netsh**, digita direttamente come indicato di seguito:

C:\>**netsh winhttp show proxy**

Di seguito l'output:

```
Amministratore: Prompt dei comandi                                    —  □  ×
C:\>netsh winhttp show proxy

Impostazioni proxy correnti di WinHTTP:

    Accesso diretto (nessun server proxy).
```

L'output ti indica chiaramente se sia configurato o meno un proxy sul PC.

Visualizzare l'elenco delle reti Wi-Fi vicine e i relativi dettagli

Per visualizzare l'elenco delle reti wireless vicine, apri il prompt dei comandi in modalità amministratore, digita come segue e premi invio:

C:\>netsh
netsh>wlan
netsh wlan>

Digita il comando *show networks mode=bssid* come nell'esempio di seguito e premi invio:

netsh wlan>show networks mode=bssid

Di seguito, l'output del comando:

netsh wlan>show networks mode=bssid

Nome interfaccia: Wi-Fi
4 reti visibili.

SSID 1 : Sitecom
   Tipo di rete   : Infrastruttura
   Autenticazione   : WPA2-Personal
   Crittografia   : CCMP
   BSSID 1   : 8:0d: 7:2e: 7: 1
      Segnale   : 14%
      Tipo frequenza radio : 802.11n
      Canale   : 4
      Velocità di base (Mbps) : 1 2 5.5 11
      Altre velocità (Mbps) : 6 9 12 18 24 36 48 54

SSID 2 : FRITZ!Box 7530 SN
   Tipo di rete   : Infrastruttura
   Autenticazione   : WPA2-Personal
   Crittografia   : CCMP
   BSSID 1   : 3 :a6:2 :c5:b : 5
      Segnale   : 10%
      Tipo frequenza radio : 802.11ac
      Canale   : 1
      Velocità di base (Mbps) : 1 2 5.5 6 11 12 24
      Altre velocità (Mbps) : 9 18 36 48 54

SSID 3 : Netgear
Tipo di rete   : Infrastruttura
Autenticazione   : WPA3-Personal
Crittografia   : CCMP
BSSID 1   : c:3e: 3:91: 6: 5
Segnale   : 100%
Tipo frequenza radio : 802.11ax
Canale   : 8
Velocità di base (Mbps) : 1 2 5.5 11
Altre velocità (Mbps) : 6 9 12 18 24 36 48 54

SSID 4 : D-Link
Tipo di rete   : Infrastruttura
Autenticazione   : WPA2-Personal
Crittografia   : CCMP
BSSID 1   : 0:0c: 6:53: 8: 5
Segnale   : 100%
Tipo frequenza radio : 802.11n
Canale   : 7
Velocità di base (Mbps) : 1 2 5.5 11
Altre velocità (Mbps) : 6 9 12 18 24 36 48 54

netsh wlan>

Nell' esempio delle pagine precedenti, ho mostrato i vari passaggi (*netsh* e *wlan*) per informarti che questo comando "passa" attraverso due contesti diversi.
Per essere più veloce, puoi digitare tutto nella stessa riga e premere invio, come indicato di seguito:

C:\>netsh wlan show networks mode=bssid

```
C:\>netsh wlan show networks mode=bssid

Nome interfaccia: Wi-Fi
4 reti visibili.

SSID 1 :          771
    Tipo di rete          : Infrastruttura
    Autenticazione        : WPA2-Personal
    Crittografia          : CCMP
```

Recuperare la password della rete Wi-Fi in uso sul computer

Ti potrà capitare di dimenticare la password del Wi-Fi e di doverla inserire su un nuovo dispositivo, o di dover risalire alla password del Wi-Fi sul computer di un'altra persona.
Innanzitutto, recupera il nome della rete Wi-Fi come spiegato nelle pagine precedenti.

Successivamente apri il prompt dei comandi in modalità amministratore, digita come segue e premi invio:

C:\>netsh
netsh>wlan
netsh wlan>

Digita il comando **show profile name=Netgear key=clear** come nell'esempio di seguito e premi invio:

netsh wlan>show profile name=Netgear key=clear

```
netsh wlan>show profile name=Netgear key=clear
```

Naturalmente, nel comando dovrai indicare il nome della rete di cui ti occorre sapere la password al posto di Netgear.

Di seguito l'output del comando, con in evidenza il campo della password alla voce "Contenuto chiave":

Profilo Netgear sull'interfaccia Wi-Fi:

Applicato/a: Tutti i profili utente

Informazioni profilo

Versione   : 1
Tipo   : LAN wireless
Nome   : Netgear
Opzioni di controllo   :
Modalità connessione   : Connetti automaticamente
Broadcast rete   : Connetti solo in presenza di
                          broadcast della rete

Passaggio automatico   : Non passare ad altre reti
Assegnazione casuale indirizzi MAC : disabilitata

Impostazioni connettività

Numero di SSID	: 1
Nome SSID	: "Netgear"
Tipo rete	: Infrastruttura
Tipo frequenza radio	: [Qualsiasi tipo frequenza radio]
Estensione fornitore	: non presente

Impostazioni sicurezza

Autenticazione	: WPA2-Personal
Crittografia	: CCMP
Autenticazione	: WPA2-Personal
Crittografia	: GCMP
Chiave di sicurezza	: Presente
Contenuto chiave	: Ae@=Syf*C2d!P3n6HJP=$9~K!7

Impostazioni costo

Costo	: Senza restrizioni
Traffico eccessivo	: No
Limite dati quasi raggiunto	: No

Limite dati quasi raggiunto : No
Limite dati superato   : No
Roaming   : No
Origine costo   : Predefinito

Anche in questo caso, ho mostrato i vari passaggi (*netsh* e *wlan*) per informarti che questo comando "passa" attraverso due contesti diversi.
Per essere più veloce, puoi digitare tutto nella stessa riga (sostituendo il nome della rete "Netgear", con quello corretto) e premere invio, come indicato di seguito:

C:\>netsh wlan show profile name=Netgear key=clear

Configurare i server DNS

Per configurare i server dns, apri il prompt in modalità amministratore e accedi all' ambiente netsh.

Digita il comando seguente e premi invio per vedere le interfacce disponibili e verificare il nome corretto di quella che devi configurare:

netsh>interface ip show config

Ipotizziamo che il nome dell'interfaccia da configurare sia *"Ethernet"*. I server DNS sono due; quello primario e quello secondario. (nell'esempio, i server DNS di Google)

Per configurare quello primario, digita come di seguito e premi invio:

netsh>*interface ip set dns "Ethernet" static 8.8.8.8*

per il DNS secondario, digita:

netsh>*interface ip add dns "Ethernet" 8.8.4.4 index=2*

Da un controllo rapido dell'interfaccia grafica, i DNS

risultano configurati correttamente:

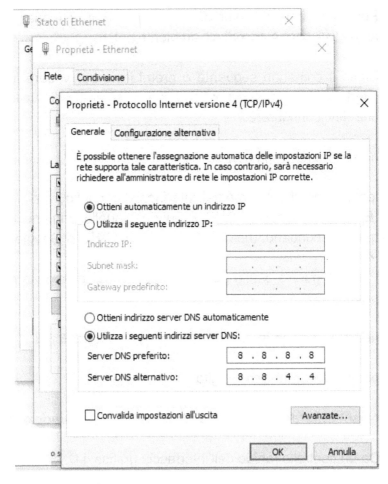

Ricorda di scrivere il nome corretto dell'interfaccia, sostituendo la voce "Ethernet" dell'esempio.

Configurare un indirizzo ip statico o dinamico

Se sei un amministratore di sistema, ti occupi di assistenza tecnica oppure vuoi imparare a configurare l'indirizzo ip di un computer alla velocità della luce... questi comandi sono per te!

Per prima cosa, verifica il nome dell'interfaccia aprendo la finestra del prompt come amministratore e digitando il comando seguente:

C:\>netsh interface ip show config

Di seguito l'output:

In questo caso, il nome dell'interfaccia è "Ethernet".

Vediamo insieme un esempio coi dati indicati di seguito:

Indirizzo IP 192.168.0.5
Subnet mask=255.255.255.0
Gateway=192.168.0.1

Di seguito il comando per impostare l'*indirizzo IP statico*:

C:\>netsh interface ip set address name="Ethernet" source=static addr=192.168.0.5 mask=255.255.255.0 gateway=192.168.0.1

Ripeti il comando per visualizzare lo stato dell'interfaccia, per verificare che il sistema sia stato configurato correttamente:

C:\>netsh interface ip show config

L'output di seguito, conferma che i dati sono stati configurati correttamente.

```
C:\>netsh interface ip show config

Configurazione per l'interfaccia "Ethernet"
    DHCP abilitato:                              No
    Indirizzo IP:                                192.168.0.5
    Prefisso subnet:                             192.168.0.0/24 (maschera 255.25
5.255.0)
    Gateway predefinito:                         192.168.0.1
    Metrica gateway:                             1
    MetricaInterfaccia:                          35
    Server DNS configurati statisticamente:      nessuno
    Registra con suffisso:          Solo primario
    Server WINS configurati statisticamente:     nessuno
```

Anche una rapida occhiata all'interfaccia grafica, conferma la corretta impostazione dell'indirizzo IP statico:

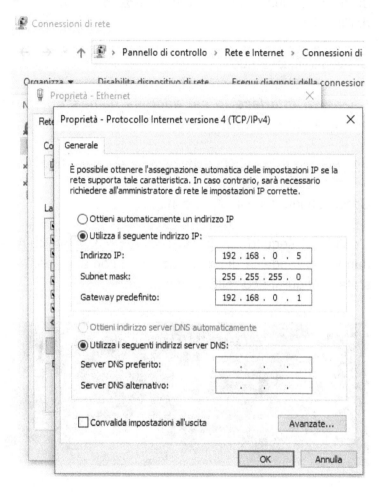

Ed ecco di seguito il comando per configurare il *DHCP (Dynamic Host Configuration Protocol)*, cioè la modalità di assegnazione automatica (***Indirizzo IP dinamico***) dell'indirizzo IP.

Di seguito il comando:

C:\>netsh interface ip set address name="Ethernet" source=dhcp

Verifica che la configurazione si andata a buon fine:

C:\>netsh interface ip show config

L'output di seguito, <u>conferma che il DHCP è abilitato</u>, e dunque la modalità di assegnazione automatica dell'IP è stata configurata correttamente:

```
Amministratore: Prompt dei comandi                                        -  □  ×
C:\>netsh interface ip show config

Configurazione per l'interfaccia "Ethernet"
    DHCP abilitato:                         Sì
    Indirizzo IP:                           192.168.1.17
    Prefisso subnet:                        192.168.1.0/24 (maschera 255.25
5.255.0)
    Gateway predefinito:                    192.168.1.1
    Metrica gateway:                        0
    MetricaInterfaccia:                     35
    Server DNS configurati tramite DHCP:    192.168.1.1
    Registra con suffisso:          Solo primario
    Server WINS configurati tramite DHCP:   nessuno
```

Anche l'interfaccia grafica, conferma l'avvenuta modifica:

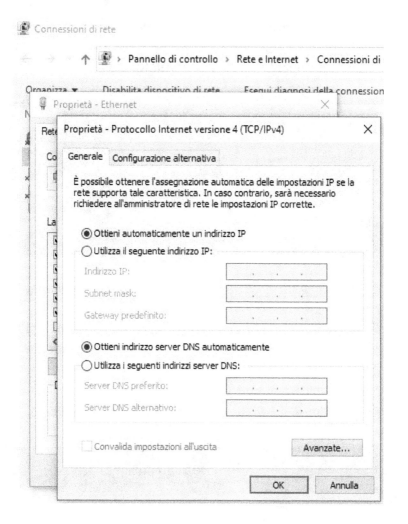

Incrementare la velocità di navigazione

Se stai riscontrando problemi di lentezza di navigazione, puoi provare a disabilitare il "Livello regolazione automatica finestra ricezione o Autotuning":

In alcune casistiche, questa funzionalità può rallentare la navigazione.

Per disabilitare l'Autotuning, apri il prompt dei comandi in modalità amministratore, digita il comando seguente e premi invio:

netsh>interface tcp set global autotuninglevel=disabled

L'output di seguito, conferma che l'Autotuning è disabilitato:

```
Amministratore: Prompt dei comandi - netsh                          - □ ×
netsh>interface tcp show global
Query sullo stato attivo in corso...

Parametri globali TCP
-----------------------------------------------------------
Stato Receive-Side Scaling                  : enabled
Livello regolazione automatica finestra ricezione  ( : disabled )
Provider controllo congestione componente aggiuntivo : default
Funzionalità ECN                            : disabled
Timestamp RFC 1323                          : disabled
RTO iniziale                                : 1000
Stato unione segmenti ricezione             : enabled
Resilienza RTT non SACK                     : disabled
Max. ritrasmissioni SYN                     : 4
```

Riavvia il computer per terminare l'operazione.

Per riattivare l'Autotuning digita il comando seguente e premi invio:

netsh>interface tcp set global autotuninglevel=normal

```
Amministratore: Prompt dei comandi - netsh                          - □ ×
netsh>interface tcp set global autotuninglevel=normal
OK.

netsh>
```

Riavvia il computer per terminare l'operazione.

Trasformare il PC in access point Wi-Fi d'emergenza

Prima di iniziare, occorre una importante premessa; non tutte le schede di rete Wi-Fi consentono questa configurazione.

Per verificare, apri il promt dei comandi in modalità amministratore, digita come di seguito e premi invio:

C:\>netsh wlan show drivers

Di seguito, l'output del comando:

```
Amministratore Prompt dei comandi                                    -  □  X
C:\>netsh wlan show drivers

Nome interfaccia: Wi-Fi

    Driver                        : Realtek RTL8723BE Wireless LAN 802.11n PCI-
E NIC
    Fornitore                     : Realtek Semiconductor Corp.
    Provider                      : Realtek Semiconductor Corp.
    Data                          : 26/05/2019
    Versione                      : 2024.0.4.208
    File INF                      : oem12.inf
    Tipo                          : driver Wi-Fi nativo
    Tipi frequenza radio supportati  : 802.11n 802.11g 802.11b
    Modalità FIPS 140-2 supportata: sì
    Protezione frame gestione 802.11w supportata : Sì
    Rete ospitata supportata     : No
    Autenticazione e crittografia supportate in modalità infrastruttura:
                                    Aperta          Nessuno
                                    WPA2-Personal   CCMP
                                    Aperta          WEP-40bit
```

In questo caso, purtroppo l'interfaccia Wi-Fi non permette di procedere con la configurazione.

Puoi provare a sostituire la scheda Wi-Fi con una che supporti la funzione, oppure potresti provare con un adattatore Wi-Fi USB.

Nel caso in cui l'output indichi una risposta positiva, come nell' esempio di seguito, potrai procedere con la configurazione:

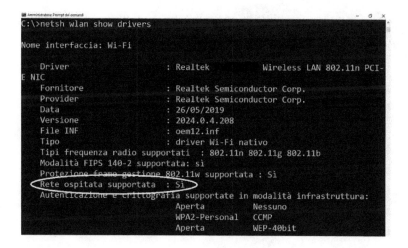

Digita:

C:\>NETSH WLAN set hostednetwork mode=allow ssid=Il_tuo_SSID key=La_tua_Password

Il_tuo_SSID sarà il nome con cui identificare la tua rete Wi-Fi quando proverai a connetterti.

La_tua_Password, sarà quella necessaria per l'autenticazione degli utenti alla tua rete.

Dopo aver creato la rete, dovrai attivarla con il comando indicato di seguito:

C:\>netsh wlan start hostednetwork

Se vuoi interrompere la condivisione della tua rete, digita il comando seguente e premi invio:

C:\>netsh wlan stop hostednetwork

Capitolo III   Utility varie: Aprire la finestra "Esplora file" da riga di comando

Per avviare la finestra GUI di "Esplora file", puoi digitare *explorer* e premere invio sulla tastiera.

Attendi qualche istante e potrai visualizzare la finestra seguente:

Duplicare lo schermo, estendere lo schermo, o utilizzare soltanto un secondo schermo

Per richiamare l'interfaccia grafica di gestione delle impostazioni di più schermi, puoi utilizzare l'utility *Displayswitch*.

Dopo aver premuto invio, visualizzerai l'interfaccia GUI per la gestione delle impostazioni, come nella figura di seguito:

Visualizzare un elenco dei driver delle periferiche installati

L'utility **Driverquery** può esserti utile per visualizzare rapidamente un elenco dei driver installati sul PC. Digita driverquery e premi invio.

Di seguito, una parte dell'output del comando:

```
Amministratore: Prompt dei comandi                                          -  □  ×
C:\>driverquery

Nome modulo   Nome visualizzato        Tipo di driver Data collegamento
============  =======================  ============== ======================
1394ohci      Controller host compat   Kernel
3ware         3ware                    Kernel         19/05/2015 00:28:03
A38CCID       CCID USB Smart Card Re   Kernel         21/07/2014 05:26:27
ACPI          Driver ACPI Microsoft    Kernel
AcpiDev       Driver di dispositivo    Kernel
acpiex        Microsoft ACPIEx Drive   Kernel
acpipagr      Driver aggregatore pro   Kernel
AcpiPmi       Driver misuratore alim   Kernel
acpitime      Driver avviso di riatt   Kernel
Acx01000      Acx01000                 Kernel
ADP80XX       ADP80XX                  Kernel         09/04/2015 22:49:48
AFD           Driver funzione ausili   Kernel
afunix        afunix                   Kernel
ahcache       Application Compatibil   Kernel
amdgpio2      Driver client GPIO AMD   Kernel         07/02/2019 10:32:20
amdi2c        Servizio del controlle   Kernel         20/03/2019 05:57:33
```

Di seguito la sintassi del comando:

/S sistema   Specifica il sistema remoto a cui connettersi.

/U [dominio\]utente   Specifica il contesto utente in cui il comando viene eseguito.

/P [password]   Specifica la password per il contesto utente.

/FO formato   Specifica il tipo di output da visualizzare.
I valori validi da passare con il parametro sono "TABLE", "LIST" e "CSV".

/NH   Specifica che "Intestazione colonna" non verrà visualizzata. Valido soltanto per i formati "TABLE" e "CSV".

/SI   Fornisce informazioni sui driver firmati.

/V   Visualizza output in modalità dettagliata. Non valido per per driver firmati.

/?   Visualizza questo messaggio della Guida.

Espandere i file CAB

L'utility *Expand* ti permette di espandere uno o più file compressi ".CAB" (cabinet).

Di seguito la sintassi del comando:

EXPAND [-R] Origine Destinazione
EXPAND –R Origine [Destinazione]
EXPAND - I Origine [Destinazione]\n
EXPAND – D Origine.cab [-F:File]
EXPAND Origine.cab –F:File Destinazione

L'elenco di seguito descrive gli elementi di ogni riga:

Origine   Specifica il nome del file compresso.
        È possibile usare caratteri jolly.

Destinazione   Indica la cartella di destinazione per il file
        decompresso.
        Destinazione può essere una directory.
        Se l'origine è formata da file multipli e –
r   non è specificato.
        Destinazione deve essere una directory.

-R   Rinomina i file espansi.

-I   Rinomina i file espansi ma ignora la struttura di directory.

-D   Visualizza elenco di file in origine.

-F:File   Nomi dei file da espandere da un .CAB.

Attivare la lente di ingrandimento

Windows dispone della funzione lente di ingrandimento per ingrandire i testi di un file, immagini o porzioni dello schermo.
Per attivare la lente di ingrandimento digita il comando **Magnify**.

Dopo qualche istante, visualizzerai l'interfaccia grafica per gestire gli ingrandimenti.

Creare un link a una directory, ad un file o ad un'altra partizione

IMPORTANTE: Prima di utilizzare l'utility che sto per descriverti, ti raccomando di fare una copia di backup del tuo PC perché un programma o il PC stesso potrebbe smettere di funzionare correttamente.

L'utility è **Mklink**.

Ora ti spiego come spostare un programma dal disco "C:" al disco "D:" creando un collegamento tra i due percorsi.

Per prima cosa, copia su un blocco note il percorso in cui si trova la cartella del programma che devi spostare (es. C:\Program Files (x86)\Adobe) perché dovrai inserirlo nel comando.
Copia la cartella dal disco "C:", taglia e incolla la cartella che contiene il programma sul disco "D:".
Verifica il nuovo percorso della cartella sul disco "D:" e copialo sul blocco note.
Apri il prompt dei comandi in modalità aministratore e digita come segue:

```
C:\>mklink /j "C:\old_path" "D:\new_path"
```

Al posto di "old path" e di "new path" dovrai scrivere il vecchio percorso e il nuovo percorso della cartella, che hai scritto sul blocco note.

Premi invio, per completare l'operazione.

Ora la giunzione tra le due directory è stata creata correttamente.

Di seguito la sintassi del comando:

MKLINK [[/D] | [/H] | [/J]] Collegamento Destinazione

L'elenco di seguito descrive gli elementi di ogni riga:

Collegamento Specifica il nome del nuovo collegamento simbolico.

Destinazione Specifica il percorso (relativo o assoluto) a cui fa riferimento il nuovo collegamento.

/D Crea un collegamento simbolico a una directory. L'impostazione predefinita è il collegamento simbolico a un file.

/H Crea un collegamento reale anziché un collegamento simbolico.

/J Crea una giunzione di directory.

Visualizzare lo storico dei comandi digitati

Per vedere lo storico dei comandi che hai utilizzato da quando hai aperto la finestra del prompt dei comandi, digita il comando seguente e premi invio:

C:\>doskey /history

Di seguito l'output:

Aprire il prompt dei comandi dalla finestra "Esplora file"

Se navighi tramite interfaccia grafica fino alla cartella in cui vuoi visualizzare i file tramite prompt dei comandi, puoi digitare "cmd" nel campo di ricerca e premere invio come nell'esempio di seguito:

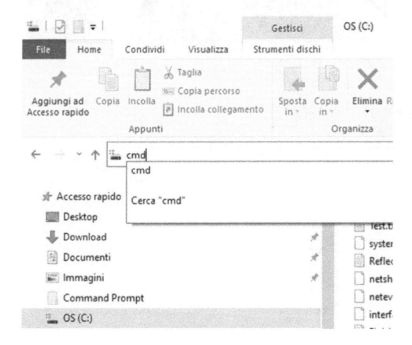

In questo modo, la finestra del prompt si aprirà direttamente nella directory che ti occorre, senza che debba spostarti tramite "*cd*" *(Change directory)* all'interno della finestra del prompt.

Spegnere o riavviare un PC

Puoi spegnere o riavviare un PC (sia in locale che da remoto) tramite l'utility **Shutdown**.

I motivi per cui sia necessario il riavvio di un PC possono essere molteplici; manutenzione hardware, correzione rapida della sicurezza, al termine del completamento dell'installazione di nuove applicazioni, ripristino/ aggiornamento del sistema operativo, etc.

Di seguito la sintassi del comando:

shutdown [/i | /l | /s | /sg | /r | /g | /a | /p | /h | /e | /o] [/hybrid] [/soft] [/fw] [/f] [/m \\computer] [/t xxx] [/d [p|u:]xx:yy [/c "commento"]]

/i   Visualizza l'interfaccia grafica (GUI).

/l   Effettua il log-off. Non puoi usare questo comando insieme all'opzione /m o /d.

/s   Spegne il PC.

/sg Spegne il PC. Non puoi usare questo comando insieme all'opzione /m o /d.

All'avvio successivo, se l'accesso automatico al riavvio è abilitato, accedi automaticamente e blocca l'ultimo utente interattivo. Dopo l'accesso, riavvia tutte le applicazioni registrate.

/r Spegne e riavvia il PC.

/g Spegne e riavvia il PC. Dopo il riavvio del sistema, se l'accesso automatico al riavvio è abilitato, accedi automaticamente e blocca l'ultimo utente interattivo.

Dopo l'accesso, riavvia tutte le applicazioni registrate.

/a Interrompe lo spegnimento del PC.

Può essere utilizzata solo durante un periodo di timeout.

Combina con /fw per cancellare eventuali avvii in sospeso nel firmware.

/p   Spegne il PC locale senza attendere un periodo di timeout né inviare un avviso.
Può essere utilizzata insieme alle opzioni /d e /f.

/h   Mette in stato di ibernazione il computer locale.
Può essere utilizzata insieme all'opzione /f.

/hybrid Esegue l'arresto del computer e lo prepara per l'avvio rapido.

/fw   Combina con un'opzione di arresto per fare in modo che il prossimo avvio venga eseguito nell'interfaccia utente del firmware.

/e   Specifica il motivo di un arresto imprevisto del computer.

/o   Passare al menu Opzioni di avvio avanzate e riavviare il computer.
Deve essere utilizzata con l'opzione /r.

/m \\nomecomputer Specifica il computer del PC remoto da spegnere.

/t xxx   Imposta su xxx secondi il periodo di timeout prima dell'arresto.
L'intervallo valido è 0-315360000 (10 anni), il valore predefinito è 30.
Se il periodo di timeout è maggiore di 0, il parametro /f è implicito.

/c *"commento"* Commento sul motivo del riavvio o dell'arresto.
Sono consentiti al massimo 512 caratteri.

/f   Forza la chiusura delle applicazioni in esecuzione senza preavvisare gli utenti.
Il parametro /f è implicito quando si specifica un valore maggiore di 0 per il parametro /t.

/d [p|u:]xx:yy Specifica il motivo del riavvio o dell'arresto del sistema.
L'opzione **p** indica che il riavvio o l'arresto è pianificato; L'opzione **u** indica che il motivo è definito dall'utente.
Se non viene specificata né l'opzione p né l'opzione u, il riavvio o l'arresto non è pianificato.

Il valore *xx* è il numero di motivo principale (numero intero positivo minore di 256).

Il valore *yy* è il numero di motivo secondario (numero intero positivo minore di 65536).

Spostare file da una locazione ad un'altra o rinominare file e directory

Per spostare uno o più file da una locazione ad un'altra, puoi utilizzare il comando **Move**.

La differenza rispetto ad altri comandi per copiare file è che il comando move non lascia una copia del file nella directory d'origine.

Di seguito la sintassi del comando;

Per spostare uno o più file:

MOVE [/Y | /-Y] [unità:][percorso]nomefile1[,...] destinazione

Per rinominare una directory:
MOVE [/Y | /-Y] [unità:][percorso]nomedir1 nomedir2

[unità:][percorso]nomefile1   Specifica il percorso e il nome del o dei file

destinazione   Specifica il nuovo percorso del file. La destinazione può comprendere una lettera di unità seguita da due punti, un nome di directory o una combinazione di entrambi. Se si

sposta solo un file, sarà possibile
includere anche un nome di file per
rinominare il file durante lo
spostamento.

[unità:][percorso]nomedir1   Specifica la directory da
             rinominare.
nomedir2   Specifica il nuovo
             nome della directory.

/Y   Elimina la richiesta di conferma della
          sovrascrittura di un file di destinazione
          esistente.
/-Y   Visualizza la richiesta di conferma della
          sovrascrittura di un file di destinazione
          esistente.

Di seguito qualche esempio:

Per spostare il file test.txt dalla directory corrente
(\MKV\TX) dell'unità C: all'unità F: (chiavetta USB).

C:\MKV\TX>move test.txt F:

Di seguito l'output:

```
C:\MKV\TX>move test.txt F:
       1 file spostato/i.

C:\MKV\TX>
```

Per <u>rinominare</u> la directory TX in Test:

C:\MKV>move tx Test

Di seguito l'output:

```
C:\MKV>move tx Test
       1 directory spostata/e.

C:\MKV>
```

Ed ecco la directory rinominata da TX a Test:

· → ˅ ↑ 　 > Questo PC > OS (C:) > MKV > Test

🖥 Desktop

⬇ Download

📄 Documenti

Visualizzare sullo schermo il contenuto di un file di testo

Per visualizzare il contenuto di un file sul tuo schermo, puoi utilizzare il comando *Type*.

Esempio.

Per visualizzare il contenuto del file "Prova.txt", dopo esserti posizionato nella directory che contiene il file, digita type seguito dal nome del file e premi invio:

C:\MKV\Test>type Prova.txt

Di seguito l'output del comando:

```
Prompt dei comandi                                          -  □  ×
C:\MKV\Test>type Prova.txt
"Lorem ipsum dolor sit amet, consectetur adipiscing elit, sed do eiusmod te
mpor incididunt ut labore et dolore magna aliqua. Ut enim ad minim veniam,
quis nostrud exercitation ullamco laboris nisi ut aliquip ex ea commodo con
sequat. Duis aute irure dolor in reprehenderit in voluptate velit esse cill
um dolore eu fugiat nulla pariatur. Excepteur sint occaecat cupidatat non p
roident, sunt in culpa qui officia deserunt mollit anim id est laborum."
C:\MKV\Test>
```

Visualizzare data e ora

Per visualizzare la data, puoi utilizzare il comando *Date* e premere invio:

```
Prompt dei comandi                                              –  □  ×
C:\>Date
Data corrente: 04/10/2021
Immettere la nuova data: (gg-mm-aa)

C:\>
```

Se la data è corretta, premi di nuovo invio, altrimenti inserisci le modifiche e premi invio per confermare.

Per visualizzare l'ora, puoi utilizzare il comando *Time* e premere invio:

```
Prompt dei comandi                                              –  □  ×
C:\>Time
Ora corrente: 14:55:12,78
Immettere nuova ora:

C:\>
```

Se l'ora indicata è corretta, premi di nuovo invio, altrimenti inserisci le modifiche e premi invio per confermare.

Eliminare una directory

Per eliminare una directory, puoi utilizzare il comando **Rd** o **Rmdir** (Remove directory).

Di seguito alcuni esempi:

Per eliminare la sottodirectory "Test", digita come di seguito:

C:\MKV>rd \MKV\Test

Di seguito l'output:

Per eliminare la directory MKV, poiché <u>non è possibile eliminare la directory corrente</u>, devi spostarti nella directory superiore come nell'esempio di seguito:

C:\MKV>cd..

C:\>rd MKV

Di seguito l'output:

Di seguito la sintassi dei comandi *rd* e *rmdir* :

RMDIR [/*S*] [/*Q*] [*unità:*]*percorso*
RD [/*S*] [/*Q*] [*unità:*]*percorso*

/S   Rimuove tutte le directory e file nella directory specificata oltre alla directory stessa. Usato per rimuovere l'intero albero di una directory.

/Q   Modalità non interattiva, non richiede alcuna conferma per la rimozione di un albero di directory eseguita con /S.

Un prompt più... gentile!

So che il titolo ti lascia perplesso... eppure il prompt è molto personalizzabile.

Al posto di visualizzare la directory corrente seguita dal simbolo "maggiore di" (C:\>) potresti inserire un messaggio per renderlo più... gentile (ad esempio: "Ciao, come posso esserti utile?").

Per inserire un messaggio al posto della directory corrente, puoi digitare il comando **Prompt**.

Digita come di seguito e premi invio:

C:\>prompt Ciao, come posso esserti utile?

Di seguito l'output:

```
C:\>prompt Ciao, come posso esserti utile?

Ciao, come posso esserti utile?
```

Poiché ora non hai più visibilità della directory corrente, utilizza sempre il comando *dir* per capire dove ti trovi.

```
■ Prompt dei comandi                                          –  ☐  ✕
Ciao, come posso esserti utile? dir
Il volume nell'unità C è OS
Numero di serie del volume: 6927-F0E7

Directory di C:\

25/05/2018  17:00              0 $WINRE_BACKUP_PARTITION.MARKER
```

Questo output indica che ci troviamo nella directory C:\>.

Per ripristinare il prompt alla condizione d'origine,
digita come indicato di seguito e premi invio:

prompt pg

Puoi anche modificare il messaggio, ad esempio
"spalmandolo" su più righe.
Ad esempio, tre righe di dati (Ora, data, unità corrente) e
una quarta riga dove puoi digitare il comando:

Sono le 1:32:37,77
Oggi è 05/10/2021
L'unità corrente è C
Il tuo comando:

Per ottenere questa visualizzazione su più righe, digita il
comando seguente e premi invio:

prompt *Sono le t_Oggi è d_L'unità corrente è*
n_Il tuo comando:

Di seguito l'output:

```
Prompt dei comandi                                           —  □  ×
Il tuo comando: prompt Sono le $t$_Oggi è $d$_L'unità corrente è $n$_Il tuo
comando:

Sono le  1:32:37,77
Oggi è 05/10/2021
L'unità corrente è C
Il tuo comando:
```

Poiché se sbagli un carattere o uno spazio all'interno del comando, questo non funzionerà... te lo riporto di seguito con la dicitura <spazio> che sta ad indicare di premere una volta la barra spaziatrice lasciando uno spazio vuoto.

prompt<spazio>Sono<spazio>le<spazio>t_Oggi<spazio>è<spazio>d_L'unità<spazio>corrente <spazio>è<spazio>n_Il tuo comando:<spazio>

e premi invio.

Per ripristinare il prompt alla condizione d'origine (come indicato in precedenza), digita come indicato di seguito e premi invio:

prompt pg

Es:

Sono le 1:32:37,77
Oggi è 05/10/2021
L'unità corrente è C
Il tuo comando: **prompt pg**

C:\>

Di seguito l'output:

Gestire l'etichetta di un volume di una unità

Puoi assegnare, modificare o cancellare l'etichetta di un volume utilizzando il comando **Label**.
Di seguito la sintassi del comando:

LABEL [unità:][etichetta]
LABEL [/MP] [volume] [etichetta]

unità: Specifica la lettera dell'unità da modificare.
etichetta   Definisce l'etichetta del volume.
/MP   Specifica che il volume deve essere considerato come punto di montaggio o nome volume.
volume   Specifica la lettera di unità (seguita da due punti), punto di montaggio o nome volume. Se viene specificato il nome volume, l'opzione /MP non è necessaria.

Visualizzare l'etichetta di un volume

Per visualizzare le informazioni di un volume (etichetta e numero di serie del volume) puoi utilizzare il comando *Vol*.

Questo comando è utile quando stai lavorando su una macchina con più unità (a cui hai assegnato un'etichetta durante la fase di formattazione), per assicurarsi di utilizzare l'unità corretta.

Per verificare informazioni circa l'unità in uso, digita semplicemente *Vol* e premi invio:

C:\>vol

Di seguito l'output del comando:

```
Prompt dei comandi                                    - □ ×
C:\>vol
 Il volume nell'unità C è OS
 Numero di serie del volume:  927-F0 7

C:\>
```

Nell'output è visibile l'etichetta del volume (OS) e il serial number del volume.

Se ad esempio vuoi verificare le informazioni di un'altra unità (ad esempio una chiavetta USB), digita come segue:

C:\>vol F:

Di seguito l'output:

Come nell'output precedente, è visibile l'etichetta del volume (FLASH DRIVE) e il serial number.

Regolare la velocità di ripetizione di un tasto

Tramite il prompt dei comandi, è possibile regolare la velocità di ripetizione dei tasti.
Potrebbero capitarti richieste di utenti che sono particolarmente veloci nel digitare sulla tastiera, o che utilizzano il pc con i videogames e/o applicazioni che richiedono tempi di risposta molto bassi.

Di seguito il comando completo per regolare la velocità:

C:\>mode con rate=25 delay=2

Il comando **Mode**, utilizza fondamentalmente tre parametri:

con　In questo caso, indica la tastiera.

rate　Indica a quale velocità deve essere ripetuto il carattere digitato. La velocità può essere modificata a partire dal valore minimo di 1, al valore massimo di 32.

delay Indica il tempo di attesa prima che il carattere sia ripetuto.

Le opzioni disponibili sono 4:
- Digita 1 per un ritardo di ripetizione di 0,25 secondi.
- Digita 2 per un ritardo di ripetizione di 0,5 secondi.
- Digita 3 per un ritardo di ripetizione di 0,75 secondi.
- Digita 4 per un ritardo di ripetizione di un secondo.

Per renderti conto dell'effetto che ha questo comando puoi provare a rallentare la velocità in maniera drastica, digitando il comando coi parametri indicati qui sotto e premendo invio:

C:\>mode con rate=1 delay=4

Tieni premuto un singolo tasto per vedere quanto sia diventato lento.

Se vuoi provare anche l'estremo opposto, digita quanto segue e premi invio:

C:\>mode con rate=32 delay=1

Tieni nuovamente premuto un singolo tasto... la differenza è notevole, giusto?

Per ripristinare la tastiera alla sua velocità d'origine, digita il comando coi valori riportati di seguito:

C:\>mode con rate=20 delay=2

Copiare e/o sostituire file esistenti

L'utility *Replace* ti permette di copiare e sostituire file già esistenti in una cartella di destinazione con la versione aggiornata degli stessi file presenti nella cartella d'origine (I file devono avere lo stesso nome).
L'utility ti consente inoltre di copiare file di una cartella d'origine che non sono presenti nella cartella di destinazione.

Di seguito la sintassi del comando:

REPLACE [unità1:][percorso1]nomefile[unità2:]
       [percorso2] [/A] [/P] [/R] [/W]
REPLACE [unità1:][percorso1]nomefile[unità2:]
       [percorso2] [/P] [/R] [/S] [/W] [/U]

[*unità1:*][*percorso1*]*nomefile* Specifica il file o i file di origine.

[*unità2:*][*percorso2*] Specifica la directory in cui i file devono essere sostituiti.

/A	Aggiunge nuovi file alla directory destinazione. Non si può utilizzare con le opzioni /S o /U.
/P	Chiede conferma prima di sostituire un file o aggiungere un file di origine.
/R	Sostituisce sia i file di sola lettura che i file non protetti.
/S	Sostituisce i file di tutte le sottodirectory nella directory di destinazione. Non si può utilizzare con l'opzione /A.
/W	Attende l'inserimento di un disco prima di continuare.
/U	Sostituisce (aggiorna) solo i file più vecchi del file di origine.

Se il file di destinazione ha la stessa data o ha una data più recente del file d'origine, questa opzione impedisce che il file sia sostituito. Questo per evitare di sovrascrivere un file aggiornato con un file vecchio. Non si può utilizzare con l'opzione /A.

Copiare singoli file o intere directory

L'utility **Xcopy** è stato uno dei comandi più utilizzati per la copia dei file, fino all'arrivo del più moderno e robusto _Robocopy_ (di cui ho parlato nel primo libro di questa serie sul prompt dei comandi) entrato a far parte della riga di comando con Windows Vista e sui sistemi operativi successivi.

Il comando Xcopy dispone di molte opzioni che ti permettono di mantenere tutto sotto controllo durante il processo di copia.

Di seguito la sintassi del comando:

XCOPY _origine_ [_destinazione_] [/A | /M] [/D[:date]] [/P] [/S [/E]] [/V] [/W][/C][/I] [/Q] [/F] [/L] [/G] [/H] [/R] [/T] [/U][/K] [/N] [/O] [/X] [/Y] [/-Y] [/Z] [/B] [/J] [/EXCLUDE:file1[+file2][+file3]...] [/COMPRESS]

origine	Indica il nome del file da copiare.
destinazione	Specifica il percorso dove debba essere copiato "origine".

/A   Copia solo i file con l'attributo di archivio impostato, senza modificare l'attributo.

/M   Copia solo i file con l'attributo di archivio impostato e disattiva l'attributo.

/D:*month-day-year* Copia i file modificati dopo la data specificata (inclusa).

Se non è specificata alcuna data, copia solo i file la cui ora di origine è più recente rispetto all'ora di destinazione.

/EXCLUDE:*file1*[+*file2*][+*file3*]... Specifica un elenco di file contenenti stringhe. Nei file le stringhe devono essere riportate su righe distinte. Se il percorso assoluto di un file da copiare corrisponde almeno in parte a una delle stringhe presenti in tali file, il file verrà escluso dalla copia.

Se ad esempio si specifica una stringa quale, \obj\ o .obj, verranno esclusi rispettivamente tutti i file nella directory obj o tutti i file con estensione obj.

/P	Chiede conferma all'utente prima di creare ogni file di destinazione.
/S	Copia tutti i file nella directory corrente e in tutte le sottodirectory, ad eccezione di quelle vuote.
/E	Copia tutti i file nella directory corrente e in tutte le sottodirectory, incluse quelle vuote.

Analogo a /S /E. Questa opzione può essere utilizzata per modificare /T. |
| **/V** | Verifica le dimensioni di ogni nuovo file non appena il sistema lo scrive.

Può essere un'opzione molto valida se stai copiando dati importanti e vuoi avere la certezza che siano stati copiati correttamente, sebbene possa rallentare l'esecuzione del comando Xcopy. |
| **/W** | Invita l'utente a premere un tasto prima di iniziare la copia. Quest'opzione, in passato, dava all'utente la possibilità di inserire un dischetto prima di iniziare; può essere utile qualora la mole di dati sia tale da dover copiare su più di un supporto. |

/C	Forza il comando Xcopy a continuare la copia anche in caso di errori. (Normalmente l'esecuzione del comando si interrompe da sola quando capita un errore durante la copia).
/I	Se la destinazione non esiste e la copia riguarda più file, verrà presupposto che la destinazione sia una directory.
/Q	Non visualizza i nomi dei file durante la copia.
/F	Visualizza i nomi completi dei file di origine e destinazione durante la copia.
/L	Visualizza una lista dei file da copiare.
/G	Consente la copia dei file crittografati in una destinazione che non supporta la crittografia.
/H	Copia anche i file nascosti e di sistema.
/R	Sovrascrive i file di sola lettura.
/T	Crea la struttura di directory senza copiare i file. Non include le directory e le sottodirectory vuote. Per includere le directory e le sottodirectory vuote, specificare /T /E.
/U	Copia solo i file già presenti nella destinazione.

/K	Copia gli attributi. Il comando Xcopy senza opzioni reimposta gli attributi di sola lettura.
/N	Copia utilizzando i nomi brevi generati.
/O	Copia le informazioni relative agli ACL e alla proprietà dei file.
/X	Copia le impostazioni di controllo dei file (implica /O).
/Y	Non chiede conferma prima di sovrascrivere un file di destinazione esistente.
/-Y	Chiede conferma prima di sovrascrivere un file di destinazione esistente.
/Z	Copia i file di rete in modalità riavviabile.
/B	Copia il collegamento simbolico anziché la destinazione del collegamento.
/J	Esegue la copia utilizzando I/O senza buffer. Consigliato per file di dimensioni molto grandi.
/COMPRESS	Richiede la compressione di rete durante il trasferimento di file laddove applicabile.

Visualizzare o modificare la pagina codici del sistema

Puoi utilizzare il comando *Chcp* (Change Code Page), per integrare la tastiera internazionale e le informazioni sul set di caratteri, quando vuoi cambiare lingua o set di caratteri usati dal prompt dei comandi.

Per visualizzare il numero della tabella codici attiva, digita come di seguito e premi invio:

C:\>chcp

Di seguito un esempio dell'output:

In questo caso la tabella codici attiva, è la numero 850. Corrisponde a "Multilingue (Latin I).

Tabella codici

437 – Stati Uniti
737 – Greco II
850 – Multilingue (Latin I)

852 – Slavo
860 – Portoghese
855 – Cirillico (Russo)
857 – Turco
861 – Islanda
863 – Canada Francese
865 – Scandinavia
866 – Russo
869 – Greco moderno
936 – Cinese

Di seguito la sintassi del comando:

CHCP [*nnn*]

nnn   Specifica il numero di una tabella codici.

Digitare *CHCP* senza parametri per visualizzare il numero della tabella codici attiva.

Per modificare la pagina codici, digitare *CHCP* seguito dal codice a tre cifre del paese/regione o lingua che si desidera impostare e premere invio:

C:\>chcp 866

Se il codice inserito è inesistente, l'output restituisce il messaggio seguente: "Tabella codici non valida".

Eliminare i file

Per eliminare i file, hai a disposizione due comandi: *Del* oppure *Erase*.

Di seguito la sintassi dei comandi:

Del unità:\percorso\nome file
Erase unità:\percorso\nome file

Entrambi i comandi funzionano allo stesso modo, dunque tutta la parte che segue si applica sia al comando *Del*, che al comando *Erase*.

Di seguito un esempio dell'output:

Nell'esempio sopra, è stato cancellato il file "delete_test.txt" all'interno della cartella Documenti.

Ti consiglio di usare sempre l'opzione */P* subito dopo il

nome del file, poiché in questo modo ti sarà chiesta la conferma prima dell'eliminazione del file:

C:\>del C:\Documenti\delete_test.txt /P

```
Prompt dei comandi - del C:\Documenti\delete_test.txt /P          —  o  ×
C:\>del C:\Documenti\delete_test.txt /P
C:\Documenti\delete_test.txt, Eliminare (S/N)?
```

Per confermare, digita S o N (Se premi S, il file sarà cancellato; se premi N il file resterà dove si trova) e premi invio.
Questa opzione aiuta a prevenire la cancellazione accidentale di un file.

Di seguito le opzioni dei comandi:

/P   Chiede conferma prima di eliminare ogni file.
          (Descritto sopra).
/F   Forza l'eliminazione dei file di sola lettura.
/S   Elimina i file specificati da tutte le sottodirectory.
/Q   Modalità non interattiva, non chiede conferma per
          eliminazioni globali.

/A   Seleziona i file da eliminare in base agli attributi.

attributi R File di sola lettura   S File di sistema
            H File nascosti   A File di archivio
            I File non indicizzati   L Reparse point
            O File offline   - Prefisso per negare
                                            l'attributo

Se le estensioni dei comandi sono attivate, i comandi *DEL* ed *ERASE* verranno modificati come segue:

La semantica di visualizzazione dell'opzione /S viene invertita, poiché mostra solo i file eliminati anziché quelli che non è possibile trovare.

Configurare una cartella/directory come se fosse un'unità disco

L'utility che sto per mostrarti è molto comoda e può semplificarti l'accesso a una cartella/directory senza farti perdere tempo a cercare nelle gerarchie di una directory. Puoi effettuare questa configurazione soltanto tramite riga di comando, poiché non prevista tramite interfaccia grafica (GUI).

L'utility **Subst** (Substitute) ti permette di configurare una singola cartella come se fosse una unità disco sul PC.

Ecco un esempio in cui si desidera configurare la cartella "Test" per farla diventare un' unità disco "J:".

IMPORTANTE: Dopo aver assegnato la lettera all'unità che hai configurato, non potrai utilizzare quella lettera per un'altra unità (ad esempio se dovessi aggiungere un secondo hard disk sul tuo pc).

Ti invito anche a verificare che la lettera non sia già in uso da nessun' altra unità (come ad esempio il "disco C:").

Digita il comando subst, scrivi la lettera che desideri assegnare all'unità disco (nell'esempio di seguito "J:"), scrivi il percorso della cartella (C:\Documenti\Test) e premi invio:

C:\>subst J: C:\Documenti\Test

Di seguito l'output del comando:

Per verificare che l'unità "J:" sia stata creata correttamente, digita il comando subst e premi invio.
L'output del comando ti indicherà tutte le unità virtuali correnti:

Andiamo a verificare su "Esplora file" come si presenta la cartella Test, dopo la configurazione in unità "J:".

Come puoi vedere dall'immagine sopra, l'unità "J:" è ora facilmente accessibile, come se fosse un disco aggiuntivo all'interno del tuo PC.

Per ripristinare la situazione precedente, eliminando cioè l'unità "J:" appena configurata (mantenendo però la cartella Test all'interno della cartella Documenti) digita come indicato di seguito e premi invio:

C:\>subst J: /D

Di seguito la sintassi del comando:

SUBST [*unità1:* [*unità2:*]*percorso*]
SUBST *unità1*: /D

unità1:	Specifica un'unità virtuale a cui si desidera assegnare un percorso.
[*unità2:*]*percorso*	Specifica un'unità fisica e un percorso che si desidera assegnare ad un'unità virtuale.
/D	Elimina un'unità (virtuale) sostituta.

Digitare *SUBST* senza parametri per visualizzare l'elenco delle unità virtuali correnti.

Dello stesso autore:

- Stupidario tecnico: 101 frasi dette dai clienti all'Help Desk

- Come cercare e ottenere un lavoro: manuale per il successo

  How to look for and get a job: manual for success (Versione in inglese)

- How to buy high fidelity: bring quality audio into your home (Solo in inglese)

- The ultimate guide for speeding up your pc: go faster! Expert tips for top performances pc (Solo in inglese)

- Windows 10 al Top!: Trucchi e strumenti per sbloccare il potenziale del tuo pc Windows

- Windows 10 da riga di comando: Guida rapida alla command-line di Windows

  Windows 10 at the command-line: Quick reference guide to Windows 10's command-line (Versione in inglese)

- Windows 10 da riga di comando Part II: Guida rapida alla command-line di Windows

Windows 10 at the command-line Part II:
Quick reference guide to Windows 10's
command-line (Versione in inglese)

Riccardo vorrebbe sapere le tue esperienze con questo libro
(Il buono, il brutto e il cattivo).

Puoi scrivergli a: windows10darigadicomando@gmail.com

www.ingramcontent.com/pod-product-compliance
Lightning Source LLC
Chambersburg PA
CBHW071139050326
40690CB00008B/1504